Pennod 1

Deffrodd Bethan. Neidiodd hi o'r gwely. Me
a gwenodd hi. Oedd, roedd e'n barti da iaw

Aeth hi i'r ystafell ymolchi. Roedd hi'n mynd i gael cawod sydyn cyn mynd i'r caffi i weld Erin, ei ffrind gorau.

Roedd Bethan yn edrych ymlaen at weld Erin. Roedd hi eisiau siarad am y parti. Pan adawodd Bethan y parti, roedd Erin yn dawnsio gyda Dafydd. Roedd Erin a Dafydd yn mynd allan gyda'i gilydd. Nhw oedd 'cwpwl' yr ysgol.

Weithiau, roedd Bethan yn teimlo'n genfigennus achos roedd Erin a Dafydd mor hapus gyda'i gilydd. Ond dim heddiw! Na, doedd hi ddim yn teimlo'n genfigennus heddiw. Roedd hi'n teimlo'n hapus iawn!

Dyma ddechrau gwych i'r flwyddyn newydd!

Pennod 2

Erin: Ew, roedd y parti'n wych neithiwr. Ces i amser grêt.

Bethan: A fi!

Erin: Wel, beth ddigwyddodd?

Bethan: Beth wyt ti'n feddwl?

Erin: Rwyt ti'n gwybod yn iawn – ti a Geraint? Ofynnodd e i ti fynd allan?

Bethan: Do.

Erin: A beth oedd dy ateb di?

Bethan: Beth wyt ti'n feddwl?! Wrth gwrs! Mae e'n ffantastig!

Erin: Bydd Dafydd yn hapus iawn. Mae Geraint a fe'n ffrindiau mawr!

Bethan: Dw i mor hapus. Mae popeth yn grêt!

Erin: Popeth? Beth am TGAU?

Bethan: Paid! Mae hi'n ddechrau'r flwyddyn. Mae digon o amser tan TGAU.

Erin: Oes, rwyt ti'n iawn. Hei, beth am ddarllen ein horosgop yn y cylchgrawn yma i weld beth sy'n mynd i ddigwydd eleni?

Bethan: Dwyt ti ddim yn credu yn y nonsens yna?

Swyn y Sêr

Leisa Jarman

I gyd-fynd â Taith Iaith 4

Ⓟ Prifysgol Cymru, Aberystwyth, 2007
Mae hawlfraint ar y deunyddiau hyn ac ni ellir eu
hatgynhyrchu na'u cyhoeddi heb ganiatâd perchennog yr
hawlfraint.

Cyhoeddwyd gan
Y Ganolfan Astudiaethau Addysg,
Aberystwyth, gyda chymorth ariannol
Cynulliad Cenedlaethol Cymru.

ISBN: 978 1 84521 175 2
ISBN: 978 1 84521 183 7 (set)

Golygwyd gan Non ap Emlyn ac Eirian Jones
Dyluniwyd gan Ceri Jones

Diolch i Luned Ainsley, Angharad Evans, Ann Lewis,
Aled Loader a Dafydd Roberts am eu harweiniad gwerthfawr.

Argraffwyr: Gwasg Gomer

Erin: Ydw! Pa arwydd y sidydd wyt ti?

Bethan: Libra.

Erin: "Blwyddyn brysur ac emosiynol. Efallai bydd rhaid dewis rhwng cariad a ffrind."

Bethan: "Blwyddyn brysur" yn bendant achos arholiadau TGAU.

Erin: "Blwyddyn emosiynol", Bethan?

Bethan: Mmm ... a bydd rhaid i fi "ddewis rhwng cariad a ffrind". (*Yn jocian*) Sori, Erin, dw i ddim yn gallu bod yn ffrind i ti eleni achos dw i'n mynd allan gyda Geraint!!!

Erin: Hy! Nawr darllena fy horosgop i – Aries.

Bethan: Beth, rwyt ti eisiau i **fi** ddarllen dy horosgop **di**?

Erin: Ydw. Mae darllen dy horosgop dy hun yn uchel yn anlwcus!

Bethan: Erin fach – paid â siarad nonsens! Reit 'te – Aries. "Blwyddyn ddiddorol, llawn cyffro a newidiadau. Bydd y galon yn bwysig iawn eleni."

Erin: Arholiadau TGAU – "diddorol" a "llawn cyffro"? Mmm ... ie ... wel ... dyna ni 'te!

Bethan: A beth am y galon? Efallai bydd Dafydd yn gofyn i ti ei briodi e!

Erin: Yn 16 oed – basai Mam yn benwan!

Pennod 3

Roedd yr wythnosau nesaf yn brysur iawn i Bethan achos roedd rhaid iddi hi wneud llawer o waith ysgol. Ond roedd hi'n eitha hapus. Roedd hi bron â gorffen popeth!

Roedd rhywbeth arall yn cadw Bethan yn brysur hefyd – Geraint. Roedd pethau'n mynd yn dda iawn.

Roedd Erin yn hapus dros Bethan. Roedd hi a Dafydd, Geraint a Bethan yn mynd gyda'i gilydd i'r sinema neu i sglefrio yn aml. Roedden nhw'n trafod mynd i wersylla yn ystod yr haf gyda'i gilydd hefyd, ond basai'n anodd perswadio'u rhieni efallai!

Roedd bywyd yn wych ...

Pennod 4

> Hlo.
> Isie siarad.
> W-i-D@7 n y parc.

Neges destun oddi wrth Erin. Roedd rhywbeth yn bod.

Oedd Dafydd ac Erin wedi cweryla, tybed?

Pennod 5

Mawrth 23ain

Annwyl ddyddiadur,

Newyddion drwg! Dw i mor ypset!
Mae Erin yn mynd i symud.
Dim symud tŷ ...
.... dim symud stryd ...
... ond ...
... symud i'r Gogledd!

Mae nain Erin yn sâl a rhaid i Erin a'r teulu fynd i fyw gyda hi.
Mae tad Erin yn mynd i weithio yn swyddfa'r cwmni yn y Gogledd.
Mae Erin yn symud ysgol. Bydd hi'n sefyll yr arholiadau TGAU yn yr ysgol newydd.

Mae Erin mor ypset. Dydy hi ddim wedi dweud wrth Dafydd eto.
Beth ydw i'n mynd i'w wneud heb Erin?
Beth mae Dafydd yn mynd i'w wneud heb Erin?

Clywodd Bethan blipian ei ffôn.

> Daf n ypset + v.

Pennod 6

Aeth yr wythnosau nesaf heibio mor gyflym! Roedd cymaint o bethau i'w gwneud. Roedd hi'n anodd i Erin gael amser gyda phawb.

Ac yna, roedd hi wedi mynd!

Ebrill 9fed

Annwyl ddyddiadur,

Mae Erin wedi mynd.

Roedd y parti gadael yn dda, ond fwynheuais i ddim – nac Erin. Roedd hi'n crio drwy'r nos. Roeddwn i'n crio drwy'r nos. Roedd Dafydd bron â chrio hefyd! Doedd Geraint ddim llawer o help!

"Wel," dwedodd e. "Mae un peth da. Gallwn ni wersylla ar lawnt newydd Erin yn ystod yr haf."

Mae pedwar mis cyn yr haf.

Fydda i ddim yn gweld Erin, fy ffrind gorau, am bedwar mis!

Blipian y ffôn ...

> WTnOk? V ddim.
> Ffnia i D 4ry.

Pennod 7

Roedd Bethan ar goll am yr wythnosau nesaf. Roedd Erin ar goll hefyd. Roedd y ddwy yn anfon negeseuon e-bost yn aml iawn. Roedd eu rhieni nhw'n meddwl bod y merched yn defnyddio'r cyfrifiadur i adolygu – ond anfon negeseuon roedden nhw!

Oddi wrth:	beth3@gwerin.com
At:	erin@worldwonder.net
cc.	
Pwnc:	Ar goll

Haia Erin,

Dw i'n adolygu ... eto!! Mae'r cyfrifiadur yma'n help mawr!!!! Sut wyt ti? Sut mae pethau? Sut mae'r Gogledd? Sut mae'r ysgol? Rhaid i ti wneud ffrindiau newydd ... ond cofia dy hen ffrindiau di hefyd. Mae Dafydd yn edrych ar goll hebddot ti a dw i ar goll hefyd!

Bethan

Oddi wrth:	erin@worldwonder.net
At:	beth3@gwerin.com
cc.	
Pwnc:	Adolygu

Haia Bethan,

Rhyfedd – dw i'n adolygu hefyd!! Dw i'n casáu'r Gogledd. Dw i'n casáu'r ysgol! Dw i'n casáu Mam a Dad am wneud hyn i fi. Un peth da – mae Nain yn gwella. Mae Mam a Dad yn caru'r lle yma. Maen nhw'n dweud, "Mae bywyd yn well yma" – iddyn nhw efallai! Dw i ddim yn cytuno! Twll o le ydy e!

Erin

Pennod 8

Oedd, roedd Bethan ac Erin yn anfon negeseuon yn aml. Ond dydy anfon negeseuon ddim fel siarad wyneb yn wyneb – a doedd Geraint ddim yn deall. Roedd e'n ceisio gwneud i Bethan chwerthin. Ond doedd hi ddim eisiau chwerthin!

Mai 3ydd

Annwyl ddyddiadur,

Dw i'n casáu fy mywyd.

Roedd pethau mor dda. Roeddwn i mor hapus – unwaith.

Roeddwn i'n meddwl fod Geraint yn grêt. Mae e'n iawn ... weithiau! Ond mae e'n mynd ar fy nerfau i hefyd. Dyma beth ydy cariad? Dydy e ddim yn deall sut dw i'n teimlo.

Ond mae Dafydd yn deall. Mae e'n edrych mor bell weithiau. Meddwl am Erin mae e. Dyna beth ydy cariad!

Dydy Geraint ddim yn fy ngharu i fel mae Dafydd yn caru Erin. A dw i ddim yn caru Geraint fel mae Erin yn caru Dafydd. O diar!

Pennod 9

Aeth wythnos arall heibio. Doedd pethau ddim yn gwella rhwng Bethan a Geraint.

Oddi wrth:	erin@worldwonder.net
At:	beth3@gwerin.com
cc.	
Pwnc:	Geraint

Haia Bethan,

Wyt ti'n iawn? Pam ddwedaist ti ddim? Roedd Dafydd yn dweud bod Geraint yn ypset iawn. Dydy e ddim yn deall pam rwyt ti wedi gorffen gyda fe! Beth ddigwyddodd?

Erin

Oddi wrth:	beth3@gwerin.com
At:	erin@worldwonder.net
cc.	
Pwnc:	ATB: Geraint

Haia Erin,

Doedd pethau jyst ddim yn iawn rhwng Geraint a fi. Bydd e'n iawn – mae Megan yn ei ffansïo fe'n barod! Dw i'n gweld dy eisiau di'n fawr. Sut mae bywyd yn y Gogledd?

Bethan

Oddi wrth:	erin@worldwonder.net
At:	beth3@gwerin.com
cc.	
Pwnc:	ATB: ATB: Geraint

Haia Bethan,

Diolch am dy neges. Rwyt ti'n iawn am Geraint – bydd e'n iawn, dw i'n siŵr.

Mae Mam a Dad yn caru'r lle yma'n fawr. Mae pethau'n iawn. Mae pawb yn neis iawn, chwarae teg!

Wel, mae'r arholiadau'n dechrau ddydd Llun – pob lwc.

Erin

Pennod 10

Roedd pawb yn gweithio'n galed yn ystod yr wythnosau nesaf.

Roedd Erin yn colli bywyd y ddinas o hyd ond roedd rhai pethau da am ei chartref newydd hefyd.

Roedd y traeth gerllaw yn hyfryd ac roedd yr ardal yn hardd.

Roedd pawb yn garedig iawn hefyd! Roedd rhai o'r merched wedi ei gwahodd hi i'r barbeciw ar ôl yr arholiadau. Roedd Huw drws nesaf wedi ceisio ei pherswadio hi i fynd hefyd.

"Bydd y barbeciw'n hwyl. Beth am ddod?" gofynnodd e un prynhawn.

"Efallai," atebodd Erin.

Oedd, roedd Huw yn fachgen hyfryd ... golygus hyd yn oed! Ond Dafydd oedd yr unig fachgen iddi hi, meddyliodd Erin.

Roedd y misoedd diwethaf wedi bod yn anodd iawn i Bethan hefyd. Roedd Erin wedi mynd – ac roedd Geraint wedi mynd hefyd! Ond roedd rhywbeth gwaeth i ddod!

Pennod 11

Mehefin 18fed

Annwyl ddyddiadur,

Mae pethau'n ofnadwy yma! Mae Dad wedi mynd!

Roeddwn i'n gwybod bod pethau ddim yn dda iawn rhwng Mam a Dad, ond doeddwn i ddim yn gwybod bod pethau mor ddrwg!

Ydy, mae e wedi mynd. Dw i ddim yn gwybod i ble. Dw i ddim yn gwybod at bwy. Rhaid bod rhywun arall. Mae 'rhywun arall' bob tro on'd oes?

O, hoffwn i siarad ag Erin. Ond mae digon o broblemau gyda hi – dydy hi ddim eisiau clywed fy mhroblemau i hefyd!

Ond rhaid i fi siarad â rhywun!

Roedd rhaid i Bethan wrando ar ei mam yn crio a chuddio ei dagrau ei hun. Roedd rhaid iddi hi fod yn ddewr. Ond roedd hi eisiau siarad â rhywun!

Diolch byth am Dafydd.

Pennod 12

Mehefin 25ain

Annwyl ddyddiadur,

Mae pethau'n anodd iawn.

Mae Mam yn ypset iawn. O leiaf, dw i'n gallu siarad â Dafydd. Mae e mor dda am wrando!

Gwelodd e fi'n crio yn y parc. "Wyt ti'n crio achos bod Erin wedi mynd?" gofynnodd e. Ond roedd e'n gwybod bod problem arall gyda fi.

Dechreuais i siarad â fe. Roedd hi mor braf cael rhannu fy mhroblemau gyda rhywun. Roeddwn i'n teimlo'n well o lawer pan roiodd e ei fraich amdana i.

Mae e'n gwneud i fi deimlo'n saff. Bydd hi'n neis cyfarfod am goffi yfory. Mae e bron cystal â chael Erin yn ôl.

Pennod 13

Dros yr wythnosau nesaf roedd Dafydd yn gefn mawr i Bethan.

Roedd rhannu ei phroblemau gyda fe yn help mawr i Bethan. Roedd rhieni Dafydd wedi gwahanu hefyd, felly roedd e'n deall.

Roedd Dafydd yn falch o gwmni Bethan hefyd achos roedd Geraint yn mynd allan gyda Megan ac roedd Erin yn y Gogledd. Doedd e ddim wedi dweud wrth Erin am broblemau Bethan. Doedd Bethan ddim eisiau iddo fe ddweud.

Roedd Bethan yn paratoi i fynd allan pan ganodd y ffôn ...

Bethan: Helo.

Erin: O, Bethan, diolch byth.

Bethan: Erin, rwyt ti'n swnio'n ofnadwy! Beth sy'n bod?

Erin: Dafydd ...

Bethan: Beth sy'n bod?

Erin: Rhaid bod rhywun arall. Wyt ti'n gwybod? Plîs dweda wrtho i Bethan ...

Bethan: Gwybod beth? Dweda beth sy'n bod. Dwyt ti ddim yn gwneud synnwyr ...

Erin: Mae Dafydd wedi gorffen gyda fi.

Pennod 14

Gorffennaf 18fed

Annwyl ddyddiadur,

O naaaaaa!

Dw i'n gwybod bod Dafydd a fi wedi dod yn agos dros yr wythnosau diwethaf a dw i'n mwynhau ei gwmni fe. Weithiau, dw i'n ei ffansïo fe hefyd.

Ond faswn i byth, byth yn gwneud Erin yn drist! Hi ydy fy ffrind gorau.

Ar ôl i Erin ffonio, canodd cloch y drws ffrynt. Dafydd oedd yno. Roedd e wedi gorffen gydag Erin achos roedd e'n hoffi rhywun arall. Fi!!

Dwedais i wrtho fe faswn i byth, byth yn gwneud i fy ffrind gorau i deimlo'n drist! Dwedodd e fod hynna jyst fel fi – yn meddwl am bobl eraill drwy'r amser!

Rydyn ni wedi cytuno i fod yn 'ffrindiau'. Mae e wedi bod yn ffrind da i fi – dw i ddim eisiau ei golli fe fel ffrind hefyd.

Ond mae ffrind gorau gyda fi. Mae hi'n byw yn y Gogledd ond mae hi dal yn ffrind gorau i fi!

Pennod 15

Oddi wrth:	beth3@gwerin.com
At:	erin@worldwonder.net
cc.	
Pwnc:	Barbeciw

Haia Erin,

Wyt ti'n teimlo'n well?

Mae'n ddrwg gyda fi fod pethau ddim wedi gweithio allan i ti a Dafydd. Wyt ti'n gwybod y barbeciw yma nos yfory – ga i ddod? Baswn i wrth fy modd yn cwrdd â dy ffrindiau newydd.

Bethan

Oddi wrth:	erin@worldwonder.net
At:	beth3@gwerin.com
cc.	
Pwnc:	ATB: Barbeciw

Haia Bethan,

Wrth gwrs!!!!! Dw i'n edrych ymlaen at gael dangos fy ffrind gorau i bawb.
Dw i wedi siarad â Dafydd eto. Rydyn ni'n ffrindiau o leiaf. Roedd y sêr yn dweud bod y flwyddyn yn mynd i fod yn llawn newidiadau.

Wela i di yfory. Dw i ddim yn gallu aros i gyflwyno Huw i ti ...!!

Erin

Pennod 16

Cofiodd Bethan am neges y sêr ddechrau'r flwyddyn ... "Blwyddyn emosiynol" ... "dewis rhwng cariad a ffrind". Doedd hi ddim wedi cymryd llawer o sylw o'r sêr o'r blaen.

Tipyn o nonsens?
Nonsens agos at y gwir hefyd!